Volk oder Staat?

Von

Heinz Potthoff
in Düsseldorf

A. Marcus & E. Webers Verlag (Dr. jur. Albert Ahn) in Bonn

Druck: Otto Wigand'sche Buchdruckerei G. m. b. H., Leipzig.

Inhalt.

		Seite
I.	Der Sieg des Staatsgedankens über das Stammesgefühl	7
II.	Die Selbstverwaltung des Volkes	14
III.	Alle äußere Politik ist Krieg	20
IV.	Der Klassenstaat als Kriegsursache	24
V.	Das Ende des Klassengegensatzes bedingt nicht das Ende des Völkergegensatzes	28
VI.	Die Vorschläge zur Verhinderung des Krieges	35
VII.	Der Volkskrieg bedingt verschärfte Kriegsführung	39
VIII.	Nur Macht sichert den Frieden	42
IX.	Zusammenfassung der Ergebnisse	48

Vorwort.

Weder Gedankenarbeit noch Interessenverknüpfung hat den großen Krieg verhindern können. Der Streit, ob dadurch die Friedensbewegung als vergeblich erwiesen sei oder als notwendig, weil der bisherige Zustand des gewaffneten Friedens keinen dauernden Frieden bringen konnte, scheint mir viel weniger wichtig als die Frage nach dem Warum? und dem Was nun? Warum stehen trotz aller Friedensbewegungen, trotz aller wirtschaftlichen, geistigen und sonstigen Verbindungen alle Völker Europas auf Tod und Leben gegeneinander? Die Antwort darauf ist notwendige Voraussetzung für das Suchen nach Maßnahmen, die einer künftigen Wiederholung der Schrecken von 1914 vorbeugen können.

I.

Der Sieg des Staatsgedankens über das Stammesgefühl.

Am häufigsten wird als Hindernis der internationalen Verständigung der Begriff des „Nationalen" genannt. Die Volksgemeinschaft, die Blutsverwandtschaft soll sich gegen eine Vermischung der Kulturen, gegen eine Verwässerung der völkischen Eigenart sträuben. Oder noch weiter gefaßt: die Rasse soll unüberbrückbare Gegensätze schaffen, das Rassegefühl zu tief im Blute der Völker stecken, um sich auf die Dauer an einem Ausbruche, an einem Kampfe mit anderer Rasse (die als feindlich empfunden wird) hindern zu lassen. In hundert Variationen haben wir dieses Thema in den Zeitungen abgehandelt gefunden.

Diese Auffassung liegt uns nahe, weil der Nationalitätsgedanke ein Jahrhundert lang die deutschen Geister und die deutsche Entwicklung beherrscht hat. Der Gegensatz zu Frankreich ist im wesentlichen ein gefühlter Gegensatz zwischen germanischem und romanischem Wesen. Der Verrat Englands wird deswegen bei uns so besonders bitter empfunden, weil der Deutsche im Briten den angelsächsischen Vetter sieht und an den Kitt von Blutsverwandtschaft glaubte. Die treibende Kraft endlich, die den lange vorhandenen Gegensatz zum Ausbruche getrieben, ist das Werbewort vom Allslawentum, das die Serben veranlaßte, mit allen Mitteln den österreichischen Staatsverband zu unterwühlen, und das Rußland, der allslawischen Mutter nicht erlaubte, die Züchtigung der Königsmörder ruhig anzusehen.

Trotzdem ist diese üblichste Erklärung des Krieges offenbar falsch. Im Gegenteile kann man eher sagen, daß die Ereignisse der Gegenwart das Ende des Rassegedankens und des Nationalitätengedankens als staatenbildender Kraft bedeuten. Denn bei unseren Feinden scheint jedes Gefühl für Rassenunterschiede geschwunden zu sein. Wer gegen Deutschland zu Felde zieht, ist ihnen willkommen, ganz gleich, wie seine Hautfarbe, seine Sprache, seine Kultur sein mag.

England, dessen Bewohnern man bisher den größten Rassenstolz nachsagte, holt nicht nur seine indischen Hilfsvölker nach Europa, hetzt die Mongolen Asiens und die Neger Afrikas auf unsere Kolonien, sondern es läßt seine englischen Regimenter und seine Schiffe Seite an Seite mit mongolischen kämpfen, ja stellt seine Truppen unter japanischen Oberbefehl. Frankreich bietet nicht nur farbige Truppen auf, sondern verwischt auch anscheinend jeden Unterschied zwischen ihnen und den Landeskindern. Schon vor Jahren mußte man staunen über den Jubel, mit dem afrikanische Regimenter auf der Parade von Longchamps begrüßt wurden. Auch jetzt scheinen es nicht nur Gassendirnen zu sein, die in den dunkeln Söhnen Nordafrikas die Retter französischer Kultur mit allen Zärtlichkeiten feiern. Zum ersten Male hat es sich ereignet, daß europäische Truppen Neger als Unteroffiziere und (wenn man den Zeitungen glauben darf) sogar als Offiziere erhalten. Rußland ist ja an sich ein Verband verschiedener Rassen, die nebeneinander für Europas Kultur gegen deutsches Barbarentum streiten. Und Japan ist mit einem Germanenstamme verbunden zum Vernichtungskriege gegen einen anderen Germanenstamm.

Aber auch innerhalb der Rassenverbände sind die Stammesgefühle nicht entscheidend für die Stellung in diesem Kriege. Das „Nationale" in dem Sinne, wie es die Verdeutschung „völkisch" bisher bezeichnete, ist so gut wie ausgeschaltet. In Belgien stehen die beiden Nationen der Flamen und Wallonen gemeinsam gegen uns. In der Schweiz behaupten drei Stämme einmütig die Neutralität des „Vaterlandes" und werden sie gewiß gegen jeden Angriff verteidigen, ganz gleich ob er von deutscher, französischer oder italienischer Seite versucht würde. Das augenfälligste Beweisstück ist unser Bundesgenosse Österreich-Ungarn, dieser aus einem Dutzend nationaler Gruppen zusammengesetzte Staat, dessen Teile sich bis aufs Blut befehdeten, der manchmal im Frieden auseinander zu brechen drohte, und der durch den Kriegsausbruch zu einer festen Einheit zusammengeschmiedet wurde. Slawen verschiedenen Stammes kämpfen Seite an Seite mit Germanen und Madjaren gegen das slawische Mütterchen Rußland. Polen stehen in allen Heeren des Ostens, auf beiden Kampfseiten.

Auch bei uns in Deutschland muß das „Völkische" durch den Kampf eine Abschwächung erfahren. Denn die nach Sprache, Geschichte und Blut uns fremde Grenzbevölkerung hat die Probe ihrer politischen Zuverlässigkeit bestanden; sowohl die Regierung wie die Abwehrvereine gegen Polen, Dänen und Französlinge haben die richtigen Folgen gezogen. Und es ist kaum anzunehmen, daß noch irgend jemand es wagen wird, nach den Erlebnissen dieses Volkskrieges Mitbürgern wegen semitischer Abstammung oder gar nur wegen mosaischen Glaubens das vaterländische Gefühl oder die bürgerliche Gleichberechtigung abzusprechen.

Solche Gedanken hätten eine innere Begründung gehabt vor hundert Jahren — als sie nicht herrschten; sie waren ein innerer Widerspruch, als sie entstanden — nach der Reichsgründung. Denn die Freiheitskriege sind erwachsen aus einer Volksbewegung, auf deren Grunde das Sehnen nach der völkischen Einheit und Staatwerdung lag: ein Deutsches Reich „soweit die deutsche Zunge klingt!" Das Ziel, dessen Möglichkeit durch unerhörte Anstrengungen des Volkes geschaffen war, wurde damals nicht erreicht infolge der Kurzsichtigkeit und Selbstsucht der deutschen Fürsten. Ein halbes Jahrhundert lang haben die Besten des deutschen Volkes für den „nationalen" Gedanken gekämpft und gelitten, bis des Fürsten Bismarck überragende Politik ihn verwirklichte — und vereitelte. Denn im Grunde ist doch das heutige Deutsche Reich ziemlich weit entfernt von dem Arndtschen Vaterlande „soweit die deutsche Zunge klingt". Schon für Bismarck stand neben dem Ideale der nationalen Einigung das der zweckmäßigen Organisation einer Großmacht. Und dieser Gedanke scheint mir durch den gegenwärtigen Krieg allgemein die Oberhand gewonnen zu haben.

Über das „Völkische" siegt das „Staatliche", damit über das Gefühl der Verstand. Was heute verteidigt wird, ist nicht mehr in letzter Linie der Stamm, die Blutsgemeinde, sondern die politische Organisation, die uns als Grundlage eines befriedigenden, kulturgemäßen Lebens unentbehrlich erscheint.

Sicher ist diese Veränderung noch nicht in den Millionen zum Bewußtsein gekommen. Aber vorhanden ist sie unbestreitbar; bei unseren Verbündeten in einer verblüffenden Schärfe und Klarheit, bei uns unbewußt: Der Staat ist maßgebend; er zerreißt die Stämme und Blutsbrüderschaften, treibt deren Teile gegeneinander — und diese gehen freudig, soweit sie den Staat, der sie zwingt, als notwendige, segensreiche Organisation empfinden. Wo diese Organisation noch jung oder unvollkommen ist, wo sie als starker Druck empfunden wird, oder wo die Gegensätze der Rasse, des Glaubens sehr lebhaft empfunden werden, da versagt der Staatsgedanke, da führt der politische Zwang zu Empörung (Nord- und Südafrika, Irland). Aber wo der Staat eingelebte Kulturgemeinschaft bedeutet, da geht er über alle anderen Empfindungen.

Ein ungeheurer Sieg des Organisationsgedankens, des ordnenden Verstandes! — Er ist von weitgehender praktischer Bedeutung für die Neuordnung der Verhältnisse in Deutschland und Europa nach dem Kriege. Denn wenn auch unsere Alldeutschen das Arndtsche Lied wieder singen und das gesamte Deutschtum in ein Vaterland zusammenfassen wollen, so müssen sie doch wissen, daß sie damit Unmögliches erstreben. Ein Blick auf die Karte zeigt, daß wir keinem unserer Gegner ein nur von Deutschen bewohntes Stück Land abnehmen können, und daß wir durch Zusammenschluß mit einem Freunde keinen nur deutschen Zuwachs bekommen können. Denn eine gewaltsame Beeinträchtigung des niederländischen Staates kommt ebensowenig in Frage wie eine Aufteilung der Schweiz. Jede Annäherung an die verbündete Doppelmonarchie im Südosten bringt uns in Fühlung mit verschiedensten stammfremden Völkerschaften. Jede Erweiterung der Grenzen im Westen oder Osten bringt uns Zuwachs fremder Sprache, fremden Blutes, fremder Gesittung (in Belgien sitzen die Wallonen zwischen uns und den Flamen).

Wer also noch dem „völkischen" Ideale huldigt, der muß entweder jeder Gebietserweiterung in Europa (abgesehen von kleinen Grenzberichtigungen zur militärischen Sicherung) widersprechen; oder er muß mit einer Fortsetzung und Verschärfung der Politik rechnen, die den Polen und Dänen in Preußen gegenüber doch versagt hat. Es ist uns in Jahrzehnten trotz größter Anstrengungen und Aufwendungen nicht gelungen, die fremden Bezirke zu „germanisieren", in dem Sinne, daß wir die Dänen und Polen zur Aufgabe ihrer völkischen Eigenart genötigt oder bewogen hätten. Im Gegenteile hat das Zusammenwirken des politischen Druckes mit der Kultur eines wohlgeordneten, blühenden Großstaates die fremden Volksteile erstarken lassen, so daß namentlich die polnische Bevölkerung in Preußen heute in jeder Beziehung über der vor einem oder gar vor mehreren Menschenaltern steht. Das ist anerkannt worden durch die Treue, welche auch die nicht deutschen Staatsbürger dem deutschen Staate in seiner Schicksalsstunde bewiesen haben. Nicht das Völkische, sondern das Staatliche im Deutschtum hat sie bezwungen, hat sie aufgesogen. Den Folgerungen daraus kann sich kein Staatsmann verschließen.

Nur wer den Staat als ein Organisationsproblem über die Volksgemeinschaft stellt, kann die Frage erheblicher Ausdehnung der Reichsgrenzen nach Gründen der Zweckmäßigkeit erwägen. Solche Gründe können etwa sein: Zuwachs an Macht durch Vermehrung der Bevölkerung, Gewinnung neuer Zugänge zum Meere, Beherrschung wichtiger Straßen und Ströme, Erwerbung wichtiger Produktionsplätze, Häfen u. dgl., Gewinnung besserer strategischer Grenzen, Sicherung des gegenwärtigen Gebietes durch vorgelagertes neues (so wie 1871 Elsaß-Lothringen als „Glacis" für Süddeutschland galt). Auch die Rücksicht auf überseeische Besitzungen kann die Angliederung europäischen Gebietes wünschenswert erscheinen lassen.

Ob und wie das im Augenblicke für Deutschland zutrifft,

soll hier nicht erörtert werden. Hier kommt es nur auf den allgemeinen Grundsatz an. Und der zwingt zu der Folgerung: Wer solchen Gebietszuwachs mit stammfremder Bevölkerung erstrebt, muß sich klar darüber sein, daß er den verschiedenen, nichtdeutschen Nationalitäten ihr Recht auf die ererbten Kulturgüter wie Sprache, Sitte lassen muß, soweit das mit der Verwirklichung des Staatsgedankens vereinbar ist. Denn nur dann wird der Staat restlos als eine wohltätige Organisation empfunden und im Notfalle gegen die eigenen Stammesbrüder verteidigt.

II.

Die Selbstverwaltung des Volkes.

Wenn wir also die Rassen- und Volksunterschiede als Kriegsgrund ausscheiden, so müssen andere Gründe vorliegen. Und wenn wir den Staatsgedanken über die Volksgemeinschaft stellen, so muß der Grund die staatliche Organisation berühren. Das ist bei dem Verhältnis zwischen einzelnen Staaten klar. Für das englische Reich ist der Suezkanal ein Lebensinteresse, während der Verlust Ägyptens für die Türkei eine schmerzliche Einbuße bedeutet. Rußland muß nach dem Mittelmeer trachten, während die Gewinnung dieses Zieles das Ende der Türkei in Europa bedeuten würde. Die großserbische Propaganda ging tatsächlich an den Bestand des österreichischen Staates und konnte nicht geduldet werden. Aber sind solche Kriegsgründe auch zwingende Notwendigkeiten für die Mitglieder der Bevölkerung? Wenn man jeden einzelnen fragte, würde man sehr selten eine Mehrheit für den Krieg erhalten. Und sicher hätte eine Volksabstimmung noch am 1. August 1914 in Deutschland wie in Frankreich, Rußland und England, wahrscheinlich auch in der Donaumonarchie und in Serbien, eine überwältigende Ablehnung des Weltkrieges ergeben. Wenn trotzdem der Krieg zum Ausbruche kam, so ist das nur möglich geworden dadurch, daß in allen beteiligten Staaten nicht die Meinung des gesamten Volkes, sondern die weniger Regierender maßgebend gewesen ist.

Damit treten zwei ganz verschiedene Probleme vor uns hin: ein innerpolitisches, verfassungstechnisches, das nach den Mitteln fragt, wie das Volk die Politik nach seinem Willen und seinen wahren Interessen lenken kann; eines der äußeren Politik, das bezweifelt, ob die Interessen des Volkes dem friedlichen Wunsche der meisten einzelnen oder dem kriegerischen Verhalten der Regierung mehr entsprechen; ob auch bei voller Selbstverwaltung der Völker und unverfälschter Volkspolitik ein friedliches Nebeneinander auf die Dauer wahrscheinlich, oder auch nur möglich ist.

Fassen wir zunächst die erste jener Fragen ins Auge, lassen es also vorläufig einmal ganz offen, wie weit die wirklichen Interessen der einzelnen mit den sogenannten Staatsinteressen gleich sind; wie weit die Gesamtheit der Bevölkerung Vorteile von staatlichen Erfolgen und Eroberungen hat; ob der Bürger eines Kleinstaates wie Holland, der Schweiz irgendwie im Nachteile ist gegenüber dem Bürger einer Großmacht wie Frankreich, Deutschland. Tatsache ist, daß die Politik häufig im Widerspruch zu den Wünschen der Volksmehrheit geführt wurde und daß auch dieser Krieg im Widerspruch zu dem Wunsche der Mehrheit in den kämpfenden Völkern begonnen ist.

Daraus folgt ein Mittel zur Vermeidung eines Zukunftskrieges: daß der Wille der Volksgesamtheit für die auswärtige Politik maßgebend werde. Ein großes und schweres Problem der inneren Politik. Denn wir haben mit Überraschung erlebt, wie einflußlos das Volk auch in Staaten mit demokratischer Einrichtung ist. In der Republik Frankreich hat das Revanchegeschrei einiger Zeitungen und Politiker genügt, um das Volk gegen seinen

Willen (und auch gegen seinen Vorteil!) zuerst um 20 Milliarden Franken zu betrügen (denn die russischen Anleihen werden nach dem Frieden in dem unvermeidlichen Staatsbankerotte verschwinden) und dann in einen heillosen Krieg zu verwickeln. In dem Stammlande parlamentarischer Herrschaft haben die altberühmten Einrichtungen völlig versagt. Ohne Wissen des Parlamentes, gegen den Willen des Volkes ist eine Politik von beispielloser Gemeinheit und Gefährlichkeit befolgt worden. Daß in Rußland nur der Wille der Zarenfamilie maßgebend ist, nicht der des Volkes, braucht nicht wunderzunehmen.

Und bei uns? Nur die allgemeine Überzeugung, daß Deutschland den Krieg nicht gesucht, daß Kaiser und Kanzler alles getan haben, ihn zu vermeiden, hat die einmütige Erhebung verursacht, die 1813 und 1870 weit hinter sich läßt. Das Verhalten der Regierenden entsprach (soweit sich bisher urteilen läßt) dem Willen des ganzen Volkes — aber einen Einfluß darauf hat es nicht gehabt. Dieser Einfluß ist, wie das Beispiel der anderen Mächte zeigt, durch Verfassungsänderungen und demokratische Einrichtungen allein nicht zu gewinnen. Viel mehr kommt es auf den Geist in den Einrichtungen, auf die politische Tätigkeit jedes einzelnen an und auf die Gewissenhaftigkeit der Regierenden.

Eine gute Staatsverfassung ist sicher wünschenswert. Aber England ist ein sprechender Beweis dafür, daß sie zur Begründung einer Selbstverwaltung des Volkes weder unerläßlich noch ausreichend ist. Denn das englische Unterhaus, die vom Volke gewählte Vertretung, hat in einem jahrhundertelangen Ringen der Krone und dem Oberhause eine Reihe von Rechten abgewonnen, die nur zum geringsten Teile in Gesetzesparagraphen niedergelegt sind. Auch der deutsche Reichstag könnte einen weit größeren Einfluß ausüben, als er es tut, wenn alle Abgeordneten (oder nur eine sichere Mehrheit von ihnen) sich bewußt wären, daß sie Vertreter des Volkes, Anwälte seiner Interessen, Vollstrecker seines Willens sind, und wenn sie mit der gleichen Zielsicherheit und Rücksichtslosigkeit wie das englische Parlament die finanziellen Verlegenheiten der Bundesfürsten zu demokratischen Fortschritten ausnutzten. Einer ausdrücklichen Verfassungsänderung bedürfte es dazu nicht.

Aber gerade England, das trotz monarchischer Spitze eine Demokratie ist, zeigt, daß trotzdem die schwerste Schicksalsentscheidung ohne das Volk, gegen den Volkswillen getroffen ist. Die Gründe wird man wieder auf zwei verschiedenen Gebieten suchen müssen. Einerseits ist im englischen Parlamente und damit in der englischen Regierung nicht die Gesamtheit des Volkes vertreten und maßgebend, sondern eine Oberschicht; andererseits ist in England wie überall der wichtigste Teil der Politik, die Regelung der Beziehungen zum Auslande, von der verfassungsmäßigen Behandlung ausgeschlossen, in die Dunkelkammer der „Diplomatie" verwiesen. Vor einem Jahrzehnte hat ein französischer Minister des Äußeren, Delcassé, vollständig auf eigene Hand, Abmachungen mit anderen Staaten gegen Deutschland getroffen und Frankreich bis dicht vor einen Krieg um Marokko gebracht. In letzter Stunde wurde er im Ministerrate zur Enthüllung gezwungen und aus dem Amte entfernt. Jetzt haben einzelne Mitglieder der englischen Regierung ohne Vorwissen der übrigen Abmachungen getroffen, die zwar keine vertragsmäßige Verpflichtung zu einem Angriffsbündnis enthielten und als „Verpflichtungen" im Parlamente schroff abgeleugnet wurden, die aber doch durch ihr „moralisches" Gewicht England in den Strudel hineinziehen und es als den Hauptschuldigen am Weltbrande erscheinen lassen mußten.

Demokratie ist also kein Schutz gegen Seitensprünge von Ministern, die dem Staate an die Existenz gehen können. Aber man wird doch, wie Bismarck in seinen Gedanken und Erinnerungen, sagen müssen, daß es nicht so leicht ist, das englische Parlament zu belügen als den Zaren. Oder allgemeiner: daß eine demokratische Staatseinrichtung ein besserer Schutz gegen Verletzung der Volksinteressen ist als eine absolutistische. Daß aber auch selbständige, einflußreiche Volksvertretungen sich mit halben Auskünften der Minister begnügen, ihren Andeutungen ein Vertrauen entgegenbringen, das ihnen auf den Gebieten der inneren Politik fremd ist, das kann seinen Grund nur in dem allgemeinen Mißtrauen aller Staaten gegeneinander haben.

Aus den Zeiten der Kabinettspolitik ist der Schleier des Geheimnisvollen um die auswärtige Politik geblieben. Dort scheint es nur Mysterien zu geben. Das Wort „diplomatische Ausdrucksweise" ist direkt zur Bezeichnung für nichtssagende Redensart und Lüge geworden. Der Gedanke, daß ein Staatsmann seine Karten offen hinlegt und ohne Geheimniskrämerei, ohne Hintergedanken und Hintertüren der Volksvertretung seine Ansichten wie seine Absichten klar ausspricht, erscheint absurd. Es gibt keinen Staat in der Welt, dessen auswärtige Politik das Licht der Öffentlichkeit verträgt. Soweit das nicht auf Wichtigtuerei der Diplomaten beruht, die nicht gern sehen lassen möchten, mit wie wenig Verstand noch immer die Welt regiert werden kann, liegt ihm der dauernde Kriegszustand zwischen den Staaten zugrunde. Er bewirkt, daß alle Diplomaten Mittel anwenden, deren sie sich im Privatverkehre schämen würden, und daß sie ihre Maßnahmen vor den Nachbarn geheim halten müssen, weil sie gegen diese gerichtet sind, eine Überlegenheit über sie oder eine Abwehr gegen ihre Absichten bewirken sollen. Das ist bei Kriegsvorbereitungen selbstverständlich. Wenn die deutsche Regierung gemerkt hätte, daß Rußland und Frankreich schon seit dem Frühjahre 1914 mobilisierten, so war der Zweck dieser Maßnahmen verfehlt, denn sie mußten entweder zu einem blamablen Zurückweichen oder zu einem unerwünscht vorzeitigen Ausbruche des Krieges führen. Bei keiner Regierungsform und keiner allgemeinen politischen Richtung könnte ein Staat anders handeln. Die Kernfrage, auf die wir immer geführt werden, ist also, ob es nötig ist, daß alle Maßnahmen aller Staaten unter dem Einflusse eines Interessengegensatzes stehen, der nur auf den günstigen Augenblick wartet, um sich in gewaltsame Benachteiligung des Nachbarn, das ist des Gegners, umzusetzen, die den Krieg bedeutet, wenn dieser sich dagegen wehrt.

2*

III.

Alle äußere Politik ist Krieg.

Das bekannte Wort von Clausewitz, daß der Krieg eine Fortsetzung der Politik, nur mit anderen Mitteln, sei, läßt sich auch dahin umkehren, daß alle auswärtige Politik ein Krieg, nur nicht stets mit den Mitteln der Waffengewalt, ist. Es gibt bisher keinen wirklichen Friedenszustand auf Erden. Was wir Frieden nennen, ist ein „latenter Kriegszustand". Und wo Bündnisse oder Freundschaften zwischen einzelnen Staaten bestehen, da richten sie sich gegen andere Staaten, bezwecken einen gemeinsamen Angriff oder eine gemeinsame Abwehr, haben also immer einen Gegner und die Möglichkeit eines Krieges vor sich. Der sichtbarste Ausdruck dieses Zustandes ist die Höhe der Heeresaufwendungen in allen Kulturstaaten. Selbst die kleinen neutralen Staaten, deren Bestand und Beachtung von allen benachbarten Großmächten verbürgt ist und die sich dagegen jeder Berechtigung zum Angreifen eines anderen begeben haben, unterhalten zum Schutze ihrer feierlich gesicherten Neutralität ein Heer. Und in allen anderen Staaten werden Steuern in erster Linie zum Zwecke der Heeresmacht erhoben, wird in steigendem Maße die gesamte waffenfähige Mannschaft zum Kriegsdienste ausgebildet. Welch einen ungeheuren Umfang die Kriegsführung schon im Frieden angenommen, das haben uns die letzten Monate ja gezeigt. Alle Anstrengungen und Aufwendungen der Staaten zur Vermehrung des Menschenlebens, zur Verbesserung der Lebensbedingungen, werden weit überwogen durch die Anstrengungen und Aufwendungen zur Vernichtung von Menschenleben und Zerstörung von Daseinsbedingungen. Wenn die Milliarden von Geldstücken und Arbeitsstunden, die Unsumme von geistiger und körperlicher Leistung, die auf das gegenseitige Schädigen der Menschen verwandt werden, sich auf die gegenseitige Unterstützung, auf die Bekämpfung der Naturschädlinge, auf die Dienstbarmachung der Naturkräfte wenden ließen, welche Fortschritte müßten dann Menschenzahl und Menschenglück auf Erden machen!

Bei der Untersuchung der Frage, ob dieses Ziel erreichbar sei, werden wir alle „zufälligen" Ursachen von Kriegen ausschalten müssen. Daß der Ehrgeiz eines Königs, der Unverstand eines Ministers einen Völkerkampf hervorgerufen, der bei verständigem Verhalten der Beteiligten sich leicht hätte vermeiden lassen, ist gewiß vorgekommen. Aber in der gegenwärtigen Zeit der Volksstaaten und der allgemeinen Wehrpflicht dürfen wir uns mit einer so einfachen Erklärung der Konflikte nicht begnügen. Es wäre ein geradezu furchtbarer Gedanke, wenn man glauben müßte, der gegenwärtige Weltkrieg wäre ohne tieferen Grund von einigen gewissenlosen Menschen angestiftet, von einigen Zeitungsschreibern angefacht oder durch irgendein „Mißverständnis" verschuldet worden. Der Zeitpunkt und die Form des Ausbruches, der Verlauf und der Ausgang eines Krieges mag durch solche Dinge wesentlich beeinflußt werden. Aber entscheidend sind sie nicht. Zola, der es liebte, das Schicksal durch Zufälligkeiten regiert zu sehen, konnte in seinem bekannten Romane den „Zusammenbruch" Frankreichs mit der Krankheit des Kaisers

„erklären": „ein Steinchen im Fleische eines Menschen, und Kaiserreiche stürzen zusammen". Aber damit bleibt er doch an der Oberfläche. Ohne das Steinleiden Napoleons wäre vielleicht Sedan nicht gewesen, aber der Krieg wäre nicht anders ausgegangen. Und erst recht ist er nicht hervorgerufen worden durch die Emser Depesche. Auch wenn Bismarck sie nicht oder nicht so scharf redigiert hätte, wäre es zu einem Waffengange zwischen Preußen und Frankreich um die deutsche Zukunft gekommen. Oder das deutsche Volk hätte eben auf die Vollendung seines Strebens nach dem Nationalstaate verzichten müssen.

Auch wenn wir den heutigen Krieg vorurteilsfrei betrachten, können wir ihn nicht auf Zufall oder Bosheit einzelner zurückführen. Der Mordbube, der auf den österreichischen Thronfolger schoß, hat den letzten Anstoß zum Ausbruche gegeben. Aber gekommen wäre er auch ohne das. Es scheint ja bewiesen, daß Rußland schon seit Monaten vorher zum Kriege rüstete, daß auch Frankreich schon Vorbereitungen traf und England in gleicher Richtung arbeitete. Bei der letzten Heeresvorlage und dem Wehrbeitrage hat die deutsche Regierung offenbar mit der Wahrscheinlichkeit dieses Krieges gerechnet. Es war nur die Frage, wann er ausbrechen würde. Auch schwerwiegende sachliche Interessen liegen dem gemeinsamen Angriffe auf Deutschland und Österreich zugrunde. Für Frankreich die Wiedergewinnung Elsaß-Lothringens und des Vorranges auf dem europäischen Festlande. Für Rußland die Herrschaft auf dem Balkan, die Öffnung des Schwarzen Meeres nach dem Mittelmeere, die Küste der Adria. Für England die Behauptung der Seeherrschaft, die Beseitigung eines unbequemen Mitbewerbers um den Welthandel und die überseeischen Gebiete. Für Japan die Vorherrschaft in China. Für Serbien endlich die Vergrößerung des Kleinstaates zu einem lebensfähigen Staatsgebilde. (Auch hier ist das Nationale im Sinne des Völkischen mehr Dekoration als beherrschendes Sehnen, denn mit demselben Eifer wie nach österreichisch Serbien strebt der Staat nach bulgarischen Teilen von Mazedonien, nach dem griechischen Saloniki und nach Albanien — um den Zugang zum Meere zu gewinnen.)

Dieses Ausdehnungsstreben der Staaten scheint in ihrem Wesen zu liegen. Wenigstens war es stets vorhanden. Daraus folgt notwendig ein Interessengegensatz, ein gegenseitiges Verdrängen, Bekämpfen der Staaten, und es ist nur eine Frage des Mittels, ob der dauernde Kampf von Zeit zu Zeit zu einem Kriege führt oder ob er mit den weniger brutalen Mitteln der Diplomatie und Kriegsdrohung einerseits, des Geldes und Geschäftes andererseits zu Ende gefochten wird. Für die Entscheidung dieser Frage sind die Stimmungen der Völker und einzelner, sind vorübergehende Ereignisse und Zufälle sicher von Bedeutung. Die wichtigste Frage aber ist, ob die Kriegsmöglichkeit eine notwendige Begleiterscheinung der menschlichen Gesellschaft ist, ob der Kampf im Wesen des Gegenwartstaates oder gar jeder menschlichen Organisation begründet liegt, ob es Wege gibt, auf denen das letzte und schärfste Kampfmittel: der Krieg, beseitigt werden kann.

IV.

Der Klassenstaat als Kriegsursache.

Alle Staatenbildung ist zurückzuführen auf Krieg. Der Staat ist die Einrichtung, durch welche ein siegreicher Volksstamm seine Herrschaft über einen anderen, überwundenen sicherstellt. In primitiven Zeiten wurde das Stammland leicht zu eng für das wachsende Volk. Dann sandte man einen Teil (den heiligen Frühling) aus, sich andere Weide zu suchen, oder man überfiel den Nachbar, erschlug die Männer, raubte Frauen und Vieh, besetzte das Land. Auch ohne Not kam es zu gleichen Kriegszügen aus der Erkenntnis, daß Raub ein leichteres Mittel der Bereicherung sei als Arbeit, daß die Sklaverei bequemer sei als die eigene Tätigkeit. Daraus entsprang einerseits ein dauernder Kriegszustand zwischen den einzelnen Staaten, andererseits ein Klassenverhältnis innerhalb des Staates. Der Staat war zugleich auch das Mittel, mit dem ein Teil der Angehörigen den anderen beherrschte und ausbeutete.

Beides ist im Grunde bis heute so geblieben: der Gegensatz zwischen den Staaten, das Klassenverhältnis im Inneren jedes Staates. Bedingen beide sich vielleicht gegenseitig? Müßte eines mit dem anderen verschwinden? Würde die Ausbeutung und Beherrschung einer Bürgergruppe durch die andere aufhören, sobald der Friede auf Erden dauernd gesichert wäre? Würde umgekehrt die Gefahr eines Krieges verschwinden, wenn der Klassengegensatz in den Staaten beseitigt wäre?

Diese Fragen werden bejaht von der Lehre der Sozialdemokratie, die schon das kommunistische Manifest beginnt mit dem lapidaren Satze: „Die Geschichte aller bisherigen Gesellschaft ist die Geschichte von Klassenkämpfen“ und mit dem Schlußrufe: „Proletarier aller Länder vereinigt Euch!“ den Weg zum Frieden weisen will.

An dieser Lehre ist soviel richtig, daß zwischen beiden Erscheinungen, dem Klassenkampfe und dem Völkerkampfe, ein enger Zusammenhang besteht. Dieser ist sogar noch enger, als die Sozialdemokratie lehrt, wie jüngst der Wiener Soziologe Goldscheid in einem Schriftchen über „das Verhältnis der äußeren Politik zur inneren“ (2. Aufl. Wien und Leipzig 1915) gezeigt hat. Er ist vor allem ein gegenseitiger: die äußere Politik ist nicht nur Folge, sondern auch Ursache einer bestimmten inneren Politik und umgekehrt.

Die Minderheit, die den einzelnen Staat beherrscht und kraft dieser Herrschaft die Mehrheit „ausbeutet“, das heißt einen Teil von dem Ertrage fremder Arbeit sich aneignet, hat den natürlichen Drang, ihre Herrschaft auszudehnen. Jede Unterwerfung fremder Volksteile ist eine Erweiterung des Betätigungsfeldes für das Kapital, eine Stärkung der Stellung, des Einflusses und der Macht der Regierenden. Die moderne Produktion, die nicht einen vorhandenen Bedarf deckt, sondern ihre Waren auf den „Markt“ wirft und hier nach Absatz sucht, muß trachten, neuen Bedarf zu entdecken, zu erwecken und seine Befriedigung zu sichern. Denn infolge der „Ausbeutung“ der Arbeitenden durch Unternehmergewinn, Zins und Rente steht die Kaufkraft der Massen nicht im Einklang mit ihrer Erzeugungskraft. Die deutschen Gewerbe können doppelt soviel produzieren, als das deutsche Volk unter den Umständen der Gegenwart „kaufen“ kann. Deswegen der Kampf um Zölle und Handelsverträge; deswegen die Erkaufung von Konzessionen und Lieferungen in fremden Staaten; deswegen die Sicherung von Kolonien und Einflußsphären über See; deswegen der nicht zu überbrückende Gegensatz des alten Handelsstaates England gegen den jungen Wettbewerber Deutschland; deswegen schließlich der Krieg, der heute die Welt erschüttert. Schon Bismarck hat nach 1870 das Wort gebraucht, daß die künftigen Kriege Handelskriege sein würden. Das wird für die Gegenwart bewiesen nicht nur durch den deutsch-englischen Gegensatz (der die Hauptschuld am Ausbruche trägt), sondern auch durch den österreichisch-italienischen wegen Triest und Valona, durch das russische Streben nach Häfen am Mittelmeere und am Atlantischen Ozeane, durch die Balkankämpfe um Albanien und Saloniki usw. Alles Handelsinteressen, die einen eigenen, gesicherten Zugang zum Meere und damit zum Weltmarkte suchen.

Dazu kommt, daß die herrschenden Klassen in jedem Staate ein Interesse am Gegensatze zu anderen Staaten, an dem ständigen Drohen einer Kriegsmöglichkeit haben. Denn damit allein können sie immer wieder die Massen von dem Streben nach Gleichberechtigung ablenken, können ihre Vorrechte als unentbehrlich für den Staatsbestand behaupten, können vor allem eine starke bewaffnete Macht unterhalten, die nicht nur den Frieden nach außen, sondern auch den „Frieden“ im Inneren schützt, das heißt die Mehrheit an einer allzustürmischen Betätigung ihres Fortschrittsdranges hindert. Es soll hier nicht auf Einzelheiten der inneren Politik eingegangen werden. Aber das unterliegt wohl keinem Zweifel, daß die gegenwärtigen Verfassungszustände in Deutschland auf dem Heere beruhen. Sie wären längst geändert, wenn nicht die gewaltige Macht des Heeres sie gegen Angriffe von unten sicherte; und sie wären wahrscheinlich schutzlos, wenn von oben her die Armee zu ihrer Änderung benutzt würde.

Die immer wachsende Rüstung aber bildet in sich eine Gefahr für den Frieden. Denn sie bringt immer mehr Elemente hervor, die einen Krieg wünschen (Offiziere, Rüstungsindustrie, Armeelieferanten), und bringt sie zu immer höherem Einflusse. Die ganze Politik aller europäischen Staaten hat jahrzehntelang unter der Vorherrschaft des Rüstungsgedankens gestanden, so daß schon seit langem einsichtige Leute erkannten, das Wettrüsten an sich muß einmal zu einer Katastrophe führen, weil es die Grenzen des Erträglichen übersteigt. Und dieser Punkt war erreicht, als Frankreich die dreijährige Dienstzeit einführte.

Aber nehmen wir an, daß infolge dieses Weltkrieges eine vollständige Umwälzung der inneren Politik einträte, die Vorrechte der Besitzenden, des Adels usw. aufhörten und in allen Staaten eine vollständige soziale Demokratie einträte, eine Selbstbestimmung und Selbstverwaltung eines freien, in allem gleichberechtigten Volkes. Wäre damit die Gefahr eines neuen Krieges beseitigt? Auch diese Frage zerfällt wieder in zwei verschiedene: Wäre damit der Gegensatz zwischen den Staaten oder den Völkern beseitigt? Oder wäre wenigstens Sicherheit geschaffen, daß ein entstehender Gegensatz nicht auf dem Wege des Krieges ausgetragen wird? — Beide Fragen sind leider vom Standpunkte der praktischen Politik aus zu verneinen.

V.

Das Ende des Klassengegensatzes bedingt nicht das Ende des Völkergegensatzes.

Der Satz, daß die Geschichte aller Gesellschaft bisher die Geschichte von Klassenkämpfen gewesen sei, ist falsch, weil unvollständig. Neben den Klassenkämpfen standen von Anfang an die „Rassenkämpfe“, Volkskämpfe, Stammeskämpfe. Oder, um mit Werner Sombart zu sprechen: Neben den Kämpfen um den Futteranteil stehen die Kämpfe um den Futterplatz. „Historisch sind sicher die Völkergegensätze das Primäre und die Klassengegensätze das Sekundäre“ (Goldscheid). Erst im Kampfe um den Futterplatz haben sich aristrokratische Ordnung und Klassengegensätze gebildet; nur der Gegensatz der politischen Gebilde gegeneinander hat sie bisher erhalten. Es ist also anzunehmen, daß sie nur mit jenem vollständig verschwinden werden, und schon deswegen schwer zu hoffen, daß das Aufhören der Klassenunterschiede den Grund zum Aufhören der Völkergegensätze bilden werde. Aber dreierlei läßt sich mit Bestimmtheit behaupten:

1. Der Übergang eines einzelnen Volkes zur sozialen Demokratie hat wenig Einfluß. Es mag unerörtert bleiben, ob er überhaupt möglich ist. Jedenfalls wird er an dem allgemeinen Gegensatze und dem Gewaffnetsein aller nichts ändern. Denn solange noch von irgendeiner Seite die Möglichkeit eines kriege-

rischen Überfalles droht, wird jedes andere Volk auf der Hut dagegen sein müssen. Und es bleibt dann bei dem gegenwärtigen Zustande, daß jeder Staat seine grenzenlose Friedensliebe beteuert, während er zum Kriege rüstet. Der Übergang vom Aristokratischen zum Demokratischen, vom Klassenstaate zur Bürgergemeinschaft müßte also auf der ganzen Erde gleichzeitig geschehen, wenn er ein Ende des Völkergegensatzes zur Folge haben sollte. Wer wagt darauf zu hoffen? Und selbst eine Reform in einem so großen Teile der Menschheit, daß der Rest keine Gefahr mehr böte, ist ein Ziel, das man doch wohl nur in weiter Zukunft suchen darf.

2. Aber die Beseitigung der Klassengegensätze würde unzureichend sein, wenn sie sich nur auf die Angehörigen des gleichen Staates beschränkte. Sie müßte auch alle Fremden, alle Angehörigen anderer Staaten umfassen. Hierzu sind wir augenscheinlich auf dem Wege. Ursprünglich waren es die Blutsbande, welche den Stamm vereinten, in Gegensatz zum Nachbarstamm brachten und zur Grundlage des Kampfes um den Futterplatz dienten. Die Verwandtschaft weitete sich zur Nation, zur Rasse. Der Kampf der Nationen hat das vorige Jahrhundert beherrscht und für das zwanzigste war uns das große Ringen der Rassen um die Weltherrschaft prophezeit. Der gegenwärtige Krieg hat einen Strich dadurch gemacht. Wie eingangs erwähnt, ist eine der wichtigsten Erscheinungen das Versagen des Rasse- und Nationengefühles, das Überwundensein durch den Staatsgedanken. Aber es nicht zu verkennen, daß in manchen Teilen auch das Völkische sich noch als mächtig erweist, daß auch unter den Bundesgenossen die Rassenunterschiede nur betäubt, nicht ausgelöscht sind. Und wer will verbürgen, daß nicht nach dem Frieden in den einzelnen Staaten die Nationalitäten sich wieder

in die Haare geraten, die Ausländer durch Gesetz, Verwaltung oder Volksempfinden nicht auf dem Fuße voller Gleichberechtigung behandelt werden?

Denn aus der Verschiedenheit der Rasse und ihrer Kultur, im besonderen auch der Sprache, erwachsen Ungleichheiten, die sich auch beim besten Willen einer Staatsleitung nicht beseitigen lassen. Den Sprachenkämpfen im Nationalitätenstaate liegen sehr erhebliche Interessen zugrunde, nicht nur ideelle, sondern auch sehr materielle, denn der Großstaat muß eine vorherrschende Verwaltungssprache haben und ihre Kenntnis ist Vorbedingung für eine Teilnahme an der Verwaltung. Mögen wir alle auf dem Wege zum rein politischen Staate, zur Auslöschung aller nationalen Unterschiede sein — von der Vollendung dieses Weges sind wir noch weit entfernt. Dabei lasse ich wieder dahingestellt, ob die rechtliche Gleichheit allmählich auch eine Kulturgleichheit im Sinne einer allgemeinen Kulturvermischung zur Folge haben und ob das ein wünschenswerter Zustand sein würde. Aber sicher werden nach zehn Jahren die Juden in Rußland und die Neger in Amerika nicht tatsächlich Vollbürger sein, auch wenn das Gesetz sie dazu machen sollte.

3. Viel wichtiger aber ist die Tatsache, daß auch die einzelnen Staaten nicht auf einigermaßen gleicher Höhe der politischen und wirtschaftlichen Kultur stehen, und daß dieser Unterschied einen unversiegbaren Quell von Völkergegensätzen abgeben wird. Mag der Krieg das verwischen, mag im gemeinsamen Hasse gegen Deutschland der Franzose den Senegalneger als gleichwertigen Kulturgenossen gegen das deutsche Barbarentum anerkennen. (Soll man wirklich glauben, daß dieses Anerkennen mehr als Hetzerphrase oder hysterische Angst ist?!) Nach dem Frieden wird der Unterschied wieder offenbar werden, wird der

Anspruch der weißen Rasse nach Beherrschung der farbigen wieder hervortreten. Bisher haben auch die demokratischsten Völker Kolonialpolitik getrieben, nicht um den Schwarzen, Roten oder Gelben die Segnungen der europäischen Kultur zu bringen, sondern um sich Vorteile aus der Beherrschung zu verschaffen. Es ist heute müßig, zu erörtern, ob diese Art kolonialer Eroberung sittlich berechtigt, ob eine rein friedliche, kulturelle Erziehung möglich sei. Jene Art hat die ganze Erde ergriffen, alle Teile der Menschheit sind in die Weltwirtschaft hineingezogen, Europa braucht die Arbeitserzeugnisse fremder Erdteile, und deren Bewohner werden sie nicht liefern ohne eine gewisse Bevormundung durch die wirtschaftlich fortgeschrittenen Völker. Solange aber nicht die ganze Erde an Völker gleicher Kultur und Verfassung aufgeteilt ist, solange nicht die Neger, Inder, Mongolen usw. entweder gleichberechtigte Bürger europäischer Staaten sind oder unter sich ähnliche selbständige Staaten gebildet haben, solange wird der Wunsch aller europäischen Staaten nach Beherrschung der anderen Erdteile, solange wird das Streben der Kolonien nach Selbständigkeit oder Gleichberechtigung Ursache zu Interessengegensätzen zwischen den Staaten sein.

Solange aber derartige Gegensätze bestehen, liegt ihnen auch ein wirkliches I n t e r e s s e d e s V o l k e s zugrunde, das durch keinerlei Änderung der inneren Politik, im besonderen der Verfassung, beseitigt werden kann. Eine große Zahl von Konflikten wird vermieden, wenn die Regierung ihr Hauptinteresse der kulturellen Hebung der Volksgesamtheit zuwendet; wenn nicht mehr die hohe Verzinsung des in Unternehmungen angelegten Kapitales, sondern die gute Versorgung der Bevölkerung die Hauptsache, die Wirtschaftspolitik aus der gegenwärtigen Produzentenpolitik eine soziale Konsumentenpolitik wird; wenn im besonderen nicht mehr die Rüstungsindustrie eine erste Rolle spielt; wenn nicht mehr die Regierung das Heer zum Schutze gegen einen „inneren Feind" nötig zu haben glaubt; wenn sie nicht mehr äußere Spannungen willkommen heißt, weil sie von inneren Schwierigkeiten ablenken; wenn nicht mehr bezahlte, oft vom Auslande bezahlte Zeitungen zum Kriege schüren usw. Aber auch wenn alles damit Zusammenhängende ausgeschaltet ist, bleibt der wirtschaftliche und sonstige Wettbewerb; bleiben die Unterschiede der Individuen und Rassen nach Fähigkeiten und Neigungen; bleibt der Unterschied im Wachsen der Völker nach Zahl und Reichtum; bleibt das Steigen des einen und das Sinken des anderen; bleibt die Möglichkeit einer gewinnreichen Vorherrschaft über Stämme von niederer Kultur und Macht.

Die daraus erwachsenden Staatengegensätze aber beruhen auch bei vollster Demokratisierung auf Volksinteressen. Ja, je mehr der Klassenstaat sich verflüchtigt, desto stärker ist das ganze Volk mit interessiert. Heute ist es zweifellos richtig, daß manche Kriege nur von einzelnen Interessentenschichten gemacht werden, daß bestimmte Gruppen den überwiegenden Vorteil davon haben. (Man denke an die Rolle der nordamerikanischen Finanziers in den Kämpfen von Mittel- und Südamerika; an den Burenkrieg; an die russischen Gründe zum Kriege mit Japan; an das gewissenlose allgemeine Hetzen der von der Rüstungsindustrie bezahlten Presse.) Aber die „nationale" Verbrämung solcher Raubkriege ist nicht falscher als der Satz des kommunistischen Manifestes: „Die Arbeiter haben kein Vaterland." Keine Arbeiterpartei hat sich diesen Satz je zu eigen gemacht. Daß er unter den heutigen Verhältnissen nicht zutrifft, braucht wohl nicht bewiesen zu werden. Wie ein Mann hat sich das deutsche Volk erhoben gegen die Beglückung mit russischer Kultur, gegen die von England geplante Zerstörung der deutschen Fabriken, gegen die Vernichtung unseres Außenhandels, ohne den wir nicht 70 Millionen auf deutscher Erde sein könnten, gegen eine Zerstückelung unseres Reiches, die uns die Grundlagen, auf denen seit einem Menschenalter Deutschlands Reichtum erblüht ist, nehmen müßte. Aber auch wenn Rußland ein Kulturstaat wäre und Frankreich nicht zu den Negern Afrikas herabstiege, wenn in allen Staaten eine wahre Volkspolitik herrschte, ja wenn die Vergesellschaftung der Produktion in weitem Maße durchgeführt wäre; auch dann wäre die Arbeiterschaft wie jeder andere Teil des deutschen Volkes daran interessiert, daß Deutschlands Handel wüchse und Gewinn brächte; daß wir zu günstigen Bedingungen Rohstoffe und Lebensmittel gegen gewerbliche Erzeugnisse eintauschten; daß wir im Verkehre mit anderen Völkern möglichst bevorzugt, keinesfalls aber benachteiligt würden gegen die Wettbewerber; daß nicht ausländische Industrie unter unlauteren Bedingungen uns im Inlande die Erwerbsgelegenheit beschnitte; daß deutsche Sitte und Denkungsart in der Welt Geltung habe usw.

Da aber in jedem Volke gleiche Interessen und Bestrebungen herrschen, so müssen diese **unbedingt zu Gegensätzen** führen. Sie können erst aufhören, wenn die Staaten nicht mehr Vertretungen ihrer Bewohner, sondern nur noch Verwaltungsbezirke der Menschheit sind, die keinerlei Sonderinteresse an dem Ergehen der einzelnen Teile haben. Ein Zustand, mit dem wir nicht zu rechnen brauchen, weil er unendlich fern, ja fast theoretisch unmöglich ist. Denn selbst in geordneten Einzelstaaten entstehen Interessengegensätze zwischen den einzelnen Bezirken. Der Unterschied zum Gegensatze zwischen den Staaten liegt nur darin, daß dort eine höhere Instanz besteht, welche den Gegensatz ausgleicht oder entscheidet. Damit kommen wir zu der praktisch wichtigsten Frage, ob es Wege gibt, welche einen Ausgleich oder eine Entscheidung der Staatenkonflikte ohne den Appell an die Waffen sichern.

VI.

Die Vorschläge zur Verhinderung des Krieges.

Außer der Demokratisierung der einzelnen Staaten sind bisher folgende Vorschläge zur Vermeidung von Kriegen gemacht worden:

1. Erziehung der Menschen zu anderer Gesinnung. Eine ideale Aufgabe, die nur leider bisher zu wenig Erfolg gehabt hat. Weder das Christentum noch irgendeine andere Religion oder Sittenlehre hat eine Unterordnung der Selbstsucht unter soziale Rücksichten zu erzielen vermocht. Auch die Staatsgewalt konnte bisher nicht hindern, daß die meisten Bürger auf Kosten ihrer Mitbürger vorwärts zu kommen und Gewinne zu machen suchen. Wenn wir auch nicht an einer künftigen besseren Ordnung verzweifeln wollen, so dürfen wir doch nicht darauf hoffen, daß in absehbarer Zeit sittliche Momente den Gegensatz der Staaten beheben könnten.

2. Von ähnlichem Wert ist der Versuch, durch vertiefte volkswirtschaftliche Erkenntnis einen Krieg auszuschließen, wie ihn namentlich Norman Angell in seinem Buche „Die große Täuschung" unternommen hat. Er will beweisen, daß infolge der volkswirtschaftlichen Verflechtung der siegreiche Staat gar keinen Gewinn aus dem Zuwachs an Land und Volk

3*

hat, weil er das Privateigentum achten muß; daß er dagegen durch die Schädigung des Gegners sich selbst Verluste zufügt. Das ist bis zu einem gewissen Grade richtig — aber auch nur bis zu einem gewissen. Wenn alle Staatsverwaltungen alle Bürger und Nichtbürger mit gleicher Gerechtigkeit und gleichem Wohlwollen behandelten, wenn die Heeresmacht nicht dazu diente, bestimmten Teilen des eigenen Staates Vorteile gegenüber und auf Kosten anderer Teile oder des Auslandes zu beschaffen, wenn nicht wirtschaftliche Maßnahmen wie Zölle, Frachttarife u. dgl. auch Mittel der Politik, des Völkerkampfes wären, dann könnte es für den einzelnen wirtschaftlich gleich sein, welchem Staate er zugehörte. Und wenn nicht der Besitz bestimmter Landstücke, Seewege, Naturschätze, das Steuerrecht über bestimmte Vermögen auch militärischen Wert hätte, dann könnte es für die Staaten vielleicht unwesentlich sein.

Gewiß lebten bis jetzt die Kaufleute Hollands, Belgiens oder der Schweiz unter ähnlichen Wirtschaftsbedingungen wie die Englands, Frankreichs oder Deutschlands. Die Zugehörigkeit zu einem Kleinstaate ohne große politische Macht hat ihnen nicht bei ihrer Arbeit, beim Reichwerden im Wege gestanden. Aber doch nur, weil die Eifersucht und gegenseitige Überwachung der Großmächte diese an einer Vergewaltigung der Kleinen hinderte. Wie sehr letzten Endes auch die Wirtschaft an Heeresmacht hängt, zeigt das Schicksal der Hansa, zeigt das Verhalten Englands gegen alle Konkurrenz, auch in diesem Kriege.

Wenn ideale Menschen von mehr sozialem als selbstsüchtigem Empfinden ideale Staaten bildeten, die nur sozialen Zwecken dienen, dann gäbe es keine Konflikte. Aber gerade die Gegenwart hat gezeigt, wie wenig wirtschaftliche Gründe einen großen Krieg hindern, ja wie sie geradezu ihn hervorrufen.

3. Verträge zwischen den Staaten. Sicherlich sehr nützliche Friedensinstrumente, die Konflikten vorbeugen und zu ihrer Beendigung dienen. Aber es wird sich nie vermeiden lassen, daß bei solchen Verträgen jeder Staat einen Vorteil zu erringen sucht, daß sehr häufig einer sich benachteiligt fühlt, ihn zu umgehen sucht oder ihn einfach bricht — wenn er es ohne Gefahr tun zu können glaubt.

4. Die Organisierung der Welt. Sie hat in den letzten Menschenaltern ja ungeheure Fortschritte gemacht, hat alle Erdteile mit einem dichten Netze von geistigen und wirtschaftlichen Interessen umspannt — und hat doch nicht den Ausbruch des Weltkrieges verhindern können. Im Gegenteile, die internationalen Handelsbeziehungen sind eine Hauptursache zum Kriege und eine Hauptwaffe zu seiner Entscheidung geworden. Alle Kulturgemeinschaften scheinen zerrissen, die internationalen Kabel dienen nicht der Verbindung, sondern der Verhetzung der Völker usw. Gewiß wird sich das alles nach dem Kriege wieder ausgleichen, die zerrissenen Fäden werden wieder angeknüpft — aber langsam, sehr langsam (hoffentlich — wir „Barbaren" werden vorsichtig sein müssen gegenüber den „Kulturvölkern" wie Kongonegern, Hindus, Japanern). Und wer wagt zu behaupten, daß die Kulturgemeinschaft, die 1914 widerstandslos aufflog, etwa 1950 festen Bestand haben werde?!

5. Abrüstung. Sie würde, wenn die ihrer Durchführung entgegenstehenden Schwierigkeiten beseitigt wären, eine Verminderung der Friedenslasten bringen, damit ungemein segensreich wirken, reiche Kräfte und Mittel für Kulturzwecke freimachen können. Aber sie würde an der Entstehung und Ausfechtung von Interessengegensätzen nichts ändern. Nur eine Ursache zu Konflikten beseitigen und die Anfangsmittel zur gewaltsamen Aus-

tragung von Konflikten aus anderen Ursachen beschränken. Also sicher erstrebenswert, aber gerade nach diesem Kriege wenig aussichtsreich, und kein Heilmittel gegen die Kriegsgefahr.

Es muß eben daran festgehalten werden, daß es nur zwei Wege zur Entscheidung von Meinungsverschiedenheiten gibt, die nicht gütlich beigelegt werden: die Macht, die das Maß der anzuwendenden Mittel sich in jedem Falle selber setzt; und das Recht, das die Entscheidung durch einen nicht beteiligten Dritten gibt. Zu diesem Ziele strebt der

6. Vorschlag des internationalen Schiedsgerichtes, das sicher in der Zukunft eine große Bedeutung gewinnen wird, eine weit größere noch, als es jetzt schon gehabt hat. Aber man vergesse nicht, daß auch hinter dem Urteilsspruche eine Macht stehen muß, wenn es tatsächlich den Machtkampf der Streitenden hindern soll. Vor der Erörterung dieses Verhältnisses einige Bemerkungen über den Völkerkampf.

VII.

Der Volkskrieg bedingt verschärfte Kriegsführung.

Der ursprüngliche Krieg war ein Vernichtungskampf der Stämme gegeneinander; der besiegte wurde ausgerottet. Später trat an die Stelle der Tötung von Männern, Frauen und Kindern die Versklavung oder sonstige Unterwerfung unter die Herrschaft der Sieger. Aus dieser Unterwerfung sind die Staaten erwachsen. Als dann die „Staaten" in Kriege miteinander gerieten, waren es im Grunde nur einzelne Teile, die sich bekriegten; daraus konnte der Brauch entstehen, die nicht beteiligten Kreise zu schonen. Die heutigen völkerrechtlichen Grundsätze von der Beschränkung der Kriegführung auf Heer und Staatseigentum, von der Schonung der Zivilbevölkerung (deren Teilnahme nicht als Krieg, sondern als Verbrechen angesehen und geahndet wird), von der Achtung des Privateigentums, soweit es nicht zur Kriegführung gebraucht wird usw. beruht nicht nur auf sittlichen Empfindungen, sondern auch auf der politischen Grundlage der Staaten. Das Völkerrecht hat sich entwickelt aus dem Absolutismus. Die Fürsten führten Krieg mit bezahlten Söldnern um Ländergebiete, deren Bewohner am Kriege nicht beteiligt waren. Friedrich der Große konnte die Forderung aufstellen, ein Fürst müsse seine Kriege so führen, daß die Untertanen gar nichts davon merkten. Deshalb war es natürlich und berechtigt, die „Untertanen" möglichst wenig in die Leiden des Krieges hineinzuziehen. Bei der Fortführung des Völkerrechtes hat man aber anscheinend übersehen, daß die Kriege ihren Charakter wandeln, daß sie mit der Demokratisierung der Staaten und mit der allgemeinen Wehrpflicht immer mehr zu Volkskriegen werden, bei denen jeder einzelne Bürger ein Mitkämpfer ist, bei denen aber auch jeder mit Bewußtsein und Interesse am Ausgange beteiligt ist. Das muß auf die Kriegführung zurückwirken, und zwar im Sinne einer Verschärfung. Wir sehen das ja deutlich. Es wird mit einer Erbitterung gekämpft, die ohne Beispiel ist, und es wird die ganze Bevölkerung in den Kampf hineingezogen. England ist der Bahnbrecher der neuen Kriegsmethode, des Krieges gegen Frauen und Kinder, geworden. England, das schon im Burenkriege durch die berüchtigten Konzentrationslager erreichte, was es mit Waffengewalt nicht durchsetzen konnte, das in dem zweijährigen Kriege weit mehr Frauen als Männer tötete, England möchte jetzt aus ganz Deutschland ein Konzentrationslager machen, möchte durch Not und Massensterben der Kinder den Siegerwillen der Männer brechen, möchte ein Siebzigmillionenreich, das es mit Waffen nicht überwinden kann, aushungern. Man unterschätze die grundsätzliche Bedeutung der neuen Kampfesart nicht. Sie ist nicht ein Ausfluß besonderer Bosheit der Angelsachsen, sondern eine natürliche Folge der neuen Verhältnisse: Das ganze Volk ist im Kriege, und die ganze Existenz des Staates steht auf dem Spiele.

Je mehr der Krieg wieder zum Volkskriege wird, desto energischer, rücksichtsloser muß die Kriegführung werden. Dagegen helfen auch internationale Abmachungen nichts. Sie können zwecklose Grausamkeiten verhindern und unschädliche Erleichterungen bringen. Die Verletzung solcher Regeln ist eine Gemeinheit; das Verhalten mancher gegnerischen Truppen gegen verwundete Deutsche ist ebenso eine Schande für die Nation wie die Verwendung von Dum-Dum-Geschossen. Aber kein Vertrag wird die Anwendung eines wirksamen Kampfmittels ausschließen. In der Regel sind die Regierungen von vornherein ehrlich genug, derartige Abmachungen schon im Frieden abzulehnen. England hat stets am staatlichen Seeraub festgehalten und Deutschland sich gegen eine ausgiebige Verwertung der Luftschiffe als Waffen gewendet. Aber wäre hundertmal das Privateigentum zur See von allen Staaten für unverletzlich erklärt, England würde trotzdem in diesem Kriege alle deutschen Schiffe gekapert haben, weil es nicht auf sein wichtigstes Kriegsmittel gegen Deutschland verzichtet hätte.

VIII.

Nur Macht sichert den Frieden.

Es ist eben ein Irrtum, anzunehmen, daß Verträge allein irgend etwas Wichtiges bewirken oder hindern können, was dem Interesse eines Vertragschließenden widerspricht. Soll Recht an die Stelle der Macht zwischen zwei Streitenden treten, so muß auch hinter dem Rechte eine Macht stehen, welche die Beachtung des Rechtsspruches erzwingen kann. Innerhalb der einzelnen Staaten ist das ja in großem Umfange erreicht; wir haben die meisten Beziehungen zwischen den Bürgern auf die Grundlage des Rechtes gebracht. Aber man hüte sich ja doch vor dem Wahne, als ob wir so „sittlich" wären, wie unser Handeln uns erscheinen läßt. Das „Recht", das vielfach eine Minderheit zu ihrem Schutze der Mehrheit aufgezwungen, oder das eine sittlich höherstehende Minderheit aus sozialen Beweggründen erreicht hat, widerspricht vielfach dem Empfinden des Volkes. Es ist nur die Aussicht auf den staatlichen Gegenzwang, der die Bürger an der Betätigung ihrer Wünsche hindert. Das Völkerrecht aber ist im Grunde nur etwas Moralisches, weil niemand den Mächtigen straft, der es bricht. Nicht umsonst rief man einst die Götter an als Zeugen eines Staatsvertrages und als Rächer seines Bruches. Seitdem der Glaube an das strafende Eingreifen der Gottheit geringer geworden, besteht keine andere Gewähr mehr für das Innehalten von Vereinbarungen als die Fortdauer des Nutzens oder die Angst vor einem Schaden bei Verletzung.

Dafür hat der jetzige Krieg uns mehr als genug Belege geboten. Der feierliche Dreibundsvertrag hat Italien nicht abgehalten, sich auf Österreich zu stürzen. Und das Bündnis mit England stört die Japaner absolut nicht in der Verfolgung ihrer ehrgeizigen ostasiatischen Pläne. Selbst unser Vaterland, das so gewissenhafte Deutsche Reich, hat die Neutralität Luxemburgs und Belgiens nicht achten können. Luxemburg war klug und hat unter Protest nachgegeben; es wird reich entschädigt. Belgien war weniger klug und hat unter den Folgen zu leiden. Nachträglich haben wir die Beweise gefunden, daß es selbst seine Pflicht längst verletzt und uns zum Angriffe berechtigt hat. Aber auch wenn diese Beweise nicht bekannt und nicht vorhanden gewesen wären, wenn Belgien seine Neutralitätspflicht streng gewahrt, hätte Deutschland ihm das Ultimatum gestellt; stellen müssen, weil es Lebensfrage für uns war, daß nicht England und Frankreich durch Belgien marschierten; stellen können, weil niemand da war, der uns zu hindern vermochte.

Der Gedanke, daß Verträge zwischen den Staaten die Wiederkehr von Konflikten und Kriegen ausschließen, daß Schiedsgerichte entstehende Streitigkeiten entscheiden und damit aus der Welt schaffen sollen, ist außerordentlich wertvoll und muß in dem Frieden, der dieses Ringen beendet, Anerkennung finden. Aber seine Wirksamkeit ist beschränkt. Es ist damit genau wie mit den großen sozialen Kämpfen innerhalb eines Staates: Arbeitskammern oder Vermittelungsämter können den Ausbruch eines Streikes oder einer Aussperrung verhüten, einen entstandenen Konflikt beenden — wenn beide Parteien damit einverstanden sind. Ein Gericht kann — nach kanadischem Muster — einen Schiedsspruch fällen und es den Parteien überlassen, ob sie ihn annehmen oder an die Gewalt appellieren wollen. Es kann — wie in Australien — ein zwingendes Urteil vorgeschrieben sein. Aber wenn im letzten Falle eine Partei es nicht anerkennt, dann ist es eine einfache Frage der Staatsmacht, ob sie den Ausbruch des Kampfes mit Polizei, Gericht oder Militär hindern kann. Die Entscheidung bleibt eine solche der Gewalt, nur daß an Stelle der Parteimacht die überlegene Staatsmacht tritt.

So müssen alle Veranstaltungen gefördert werden, die zur Annäherung und Verständigung der Völker führen; alle, die durch friedliche Erörterung Gegensätzen vorbeugen, entstandene ausgleichen; alle, die bei dauernder Meinungsverschiedenheit einen unparteiischen Richterspruch herbeiführen. Auf diesen Wegen werden schon jetzt zahllose Differenzen aus der Welt gebracht — denn der diplomatische Verkehr besteht ja nur aus Schaffung und Beseitigung von Differenzen. Internationale Vereinbarungen und Schiedsgerichte können und sollen noch weit mehr in Wirksamkeit treten. Aber ihre Wirksamkeit endet da, wo ein mächtiger Staat sich durch den Spruch arg benachteiligt fühlt. Dann pocht er doch auf seine Macht, auch wenn er noch so feierlich versprochen hat, alle Streitigkeiten dem Schiedsgerichte zu unterwerfen. Und dann ist es die Macht, die entscheidet: die Macht der Parteien, oder die Macht eines Dritten, der hinter dem Spruche steht.

Der Weltfriede kann dauernd nur gesichert werden durch eine Weltmacht, die allen anderen weit überlegen ist. Sie bedeutet eine Beschränkung der Selbständigkeit aller anderen jetzigen Mächte und wäre nur erträglich, wenn sie auf absoluter Gleichberechtigung aller aufgebaut wäre. Gutwillig werden die jetzigen Großmächte sich darin nicht fügen. Man könnte denken, daß ähnlich so, wie Preußen die anderen deutschen Staaten zwang, mit ihm eine Staatsgemeinschaft auf dem Boden der Gleichberechtigung aller Deutschen einzugehen, einst auch alle Staaten der Erde zusammen gezwungen werden könnten. Aber wo ist ein Ansatz, der uns für das nächste Jahrhundert zur Erfüllung dieses Traumes berechtigte!

Man könnte in engeren Grenzen fragen, ob nicht ein Zusammenschluß Europas möglich wäre, der künftigen Kriegen zwischen europäischen Staaten vorbeugte. Er hätte zur Voraussetzung, daß Europa sich gegen die anderen Erdteile vereinigte und entweder diese unter seine Botmäßigkeit brächte oder mit ihnen um die Weltherrschaft kämpfte. Das würde also den Krieg nicht ausschließen, sondern nur auf anderen Boden verlegen. Und auch zu solcher Organisation sind wenig Ansätze vorhanden. Im Gegenteile, dieser Krieg, bei dem Rußland halb Asien mobilisiert, Japan als Bundesgenosse geworben, Inder, Australier, Kongoneger, Kanadier, Hottentotten und was sonst noch zur Rettung der „Kultur“ nach Europa geschleppt ist, könnte fast als Ende der europäischen Selbständigkeit gelten, als erster Versuch, Konflikte in unserem Erdteile dadurch zu vermeiden, daß sie der Entscheidung anderer unterworfen werden. Das liegt gewiß nicht in der Absicht der gegen uns Verbündeten und es wäre eine bittere Ironie der Weltgeschichte, wenn die Großmächte Europas solange um die Weltherrschaft rängen, bis sie an Amerika oder Asien überginge. Aus einer Erörterung künftiger Politik muß dieser Gedanke ausscheiden.

Dann aber gibt es nur noch einen Weg zu künftigem Frieden auf unserem Erdteile: Dieser Weg ist die Einigung Europas unter der Führung einer Macht, die stärker ist als alle anderen und die zugleich nach ihrer Vergangenheit erhoffen läßt, daß sie diese Stärke nicht mißbrauchen wird. Ein solcher Ausgang des Ringens wird wohl von deutscher Seite vielfach erhofft. Aber auch soweit dürfte es kaum kommen und wir werden zufrieden sein, wenn der Krieg mit einer derartigen Niederlage und Schwächung unserer Gegner endet, daß wir wieder für ein halbes Jahrhundert Ruhe haben.

Diese Zeit der Ruhe muß dann ausgenutzt werden, um nach Möglichkeit die Friedensinstrumente zu vervollkommnen, die Anlässe zu kriegerischen Verwickelungen zu beseitigen, moralische Eroberungen in der Welt zu machen. Zugleich aber auch, um uns gegen eine Wiederkehr des Überfalles von 1914 und gegen ein Unterliegen im neuen Kampfe zu sichern. Die einzige wirkliche Bürgschaft gegen einen Zukunftskrieg liegt in einer Organisierung der Menschheit zu einem Einheitsstaate. Aber nach den bisherigen Erfahrungen kann sie nur schrittweise erreicht werden, weil sich Staaten nur unter dem Zwange durch eine Vormacht oder unter der Gefahr durch einen Gegner zusammenschließen. Staatenbündnis, Staatenbund und Bundesstaat, ja selbst Staat überhaupt sind Kriegsmittel — in dem oben ausgeführten Sinne, daß alle äußere Politik Völkerkampf ist.

Der nächste Schritt, den Deutschland tun kann und tun müßte, ist die dauernde Verbindung mit Österreich-Ungarn und die Heranziehung der übrigen mitteleuropäischen Staaten einschließlich der Türkei zu einer Gemeinschaft, die England und Rußland in Schach halten und auch einem etwaigen Angriffe Amerikas oder Asiens in Ruhe entgegensehen kann. Ob Italien,

Frankreich, Spanien und die Balkanstaaten einzubeziehen sind, soll hier ebensowenig erörtert werden wie irgendwelche Einzelheiten der neuen Verbindung. Nur das ist unumgänglich, daß eine Heeresverfassung geschaffen werden muß, welche die Möglichkeit ausschließt, daß in einer Stunde der Not ein Bundesglied einem anderen die Räuberpistole entgegenstreckt. Die Erweiterung des mitteleuropäischen Bundes zum alleuropäischen mag einer ferneren Zukunft überlassen bleiben. Als Aufgabe des Jahrzehntes nach diesem Kriege kommt sie nicht in Frage. Nur „ein mitteleuropäischer Staatenverband", wie ihn in Deutschland namentlich Franz von Liszt vertritt, ist eine Forderung des Tages und eine Grundlage, von der aus Deutschland an neue Friedensarbeit gehen kann.

Das 19. Jahrhundert stand im Zeichen der „nationalen" Einigung, d. h. der Gründung von Staaten auf völkischer Grundlage. Das 20. Jahrhundert wird den Schritt darüber hinaus tun in der Zusammenfassung verschiedener Völker zu einem Staatenbunde. Das bedingt eine andere Politik im Inneren. Je mehr die Einzelstaaten zu Volksstaaten werden, desto gleichmäßiger kann ihre Politik werden, desto friedlicher wird trotz allgemeiner Wehrpflicht und Wehrhaftigkeit ihre Haltung. Je mehr in Deutschland nach dem Siege diese soziale Volkspolitik verwirklicht wird, desto mehr ist es geeignet für die Führung im Bunde der europäischen Staatenorganisation.

IX.

Zusammenfassung der Ergebnisse.

Der Weltkrieg von heute ist nicht in der Hauptsache aus dem Gegensatze der Rassen erwachsen, sondern aus Gegensätzen politischer und wirtschaftlicher Interessen zwischen den Staaten. Diesem Gegensatze der Staaten liegen gegensätzliche Interessen der gesamten Bevölkerung zugrunde. Und solche Gegensätze werden auch in der Zukunft stets vorhanden sein.

Zur Milderung des Völkergegensatzes, zur Ausschaltung von Reibungen und zur Vermeidung von Konflikten kann viel geschehen, wenn in allen Staaten eine demokratische Verfassung den Willen der Volksgesamtheit zur Geltung bringt; wenn die innere Politik nur nach sozialer Kultur, nach einer Wohlfahrt aller Bürger strebt; wenn die auswärtige Politik aus der Dunkelkammer der Diplomatie in das Licht der Volksvertretung gezogen wird. Aber völlig vermieden und beseitigt werden die Gegensätze dadurch nicht.

Zur Ausgleichung und friedlichen Erledigung von Gegensätzen kann viel geschehen durch Staatsverträge und Schiedsgerichte. Aber ihre Wirksamkeit endet, wenn eine mächtige Partei den Spruch nicht anerkennen will und niemand sie dazu zwingen kann.

Die Last des bewaffneten Friedens kann wesentlich gemildert werden durch Abmachungen über Rüstungsbeschränkungen. Aber sie hindern nicht, daß Kriege ausbrechen, und daß die Kriegführung um so schärfer wird, je mehr das ganze Volk den Kampf führt.

Die einzige Sicherheit gegen künftige Kriege ist die Zusammenfassung der Menschheit in einen Staat. Sie kann nur allmählich erreicht werden. Der erste Schritt dazu ist ein mitteleuropäischer Staatenverband, dessen Hauptzweck die Abwehr von Angriffen der englischen, russischen, amerikanischen oder asiatischen Weltmacht wäre.

Die praktische Politik des nächsten Menschenalters muß mit der Wiederkehr des gewaltigen Völkerringens auf noch breiterer Grundlage rechnen. Wie die Schaffung der Nationalstaaten, so vollzieht sich jetzt der Übergang zu Nationalitätenstaaten unter blutigen Kämpfen. Wer will zu verbürgen wagen, daß der künftige Übergang zur Organisierung der Erdteile und dann der ganzen Welt sich friedlich vollzieht?! Bereit sein ist alles!

Deutsche Kriegsschriften

2. Heft

Geld und Kredit im Kriege

Von

Julius Steinberg

Bankdirektor in Bonn

Preis 80 Pfennige

Kölnische Zeitung vom 15. Februar 1915: In knapper Form wird in dieser kleinen Schrift ein zusammenfassender Überblick über die Wirkungen gegeben, die der Ausbruch des Weltkrieges auf unser Geld- und Kreditsystem ausübte. Zugleich werden dabei die Maßnahmen und Organisationen geschildert, die dazu bestimmt waren, die Leistungsfähigkeit unseres Zahlungswesens wie unserer Kreditwirtschaft so zu steigern, daß den erhöhten Anforderungen entsprochen werden konnte. In aller Kürze werden auch die entsprechenden Maßnahmen des Auslandes beleuchtet. Das Schriftchen dürfte in besonderem Maße geeignet sein, eine allgemeine Unterrichtung über die Hauptfragen der Kriegswirtschaft auf dem Gebiete des Geld- und Kreditwesens zu ermöglichen.

A. Marcus & E. Webers Verlag (Dr. jur. Albert Ahn) in Bonn

Deutsche Kriegsschriften

5. Heft

Vom Krieg

und vom

deutschen Bildungsideal

Von

Professor Dr. E. Küster

in Bonn

Preis 60 Pfennige

Herrlich strömt aus diesen Zeilen eine echte Liebe für das heranwachsende Geschlecht, für die werdenden Männer, die Zukunft Deutschlands, dem Leser entgegen. Eine edle Begeisterung für alles, was das deutsche Volk bewegt und nach dem Kriege bewegen wird und muß, weht durch das ganze Buch und erinnert den Leser an jene Zeit vor hundert Jahren, wo der große Deutsche Ernst Moritz Arndt seine Zeitgenossen in anfeuernden Reden für die Forderungen der damaligen Zeit entflammte. In nachdrücklicher Weise nimmt der Verfasser Stellung für die freideutsche Jugendbewegung. Aber nicht für die Jugend allein ist dieses Schriftchen bestimmt, sondern allen wahrhaft deutschfühlenden Männern und Frauen, die dem Glauben und der Zuversicht leben, daß aus diesen schweren Kriegsnöten eine schönere neue Zeit erblühen wird, bietet das Schriftchen eine Stunde edelsten Genusses.

A. Marcus & E. Webers Verlag (Dr. jur. Albert Ahn) in Bonn

Deutsche Kriegsschriften

8. Heft

Kriegsbriefe einer Frau

Von

L. Nießen-Deiters

in Bonn

Preis 1 Mark

Ein herrliches Bekenntnis zum Deutschtum und eine flammende Anklage gegen England sind die „Kriegsbriefe" der rühmlichst bekannten Verfasserin, einer der besten Kennerinnen auch des überseeischen Auslandes aus eigener Anschauung. Hinzu kommt, daß hier eine deutsche Frau englischer Abstammung das Wort nimmt, um in prachtvoller Sprache und mit überzeugenden Gründen gegen Englands Verrat und Tücke Stellung zu nehmen. Frau Nießen-Deiters ist eine der Führenden in der Abwehr des englischen Lügenfeldzuges; ihre Flugblätter und Flugschriften sind in neun Sprachen in Millionen von Exemplaren verbreitet worden. So wird auch diese Gabe von Heer und Volk, von In- und Ausland freudig begrüßt werden.

A. Marcus & E. Webers Verlag (Dr. jur. Albert Ahn) in Bonn

Deutsche Kriegsschriften

9. Heft

Deutschland und Frankreich

Von

Dr. Walter Platzhoff
Privatdozenten an der Universität Bonn

Preis 60 Pfennige

Die Schrift legt den Gegensatz dar zwischen Deutschland und Frankreich, der in seiner Entstehung so alt ist, wie die beiden Staaten selbst, besonders in seiner Entwickelung seit 1870. Die Wiedereroberung des Elsasses, dessen Besitz Frankreich unter Ludwig XIV. die Hegemonie in Europa gesichert hatte, hat Frankreich den Verlust seiner Vormacht-Stellung gebracht. Beides wiederzugewinnen war das Ziel der Revanche-Politik. Obwohl die Geschicklichkeit der französischen Diplomatie zu dem Bündnis mit Rußland und der Entente mit England führte, hat sie diesen Erfolg mit der steigenden Abhängigkeit von ihren Verbündeten bezahlen müssen. Die Vorgeschichte des jetzigen Krieges und sein bisheriger Verlauf zeigen dies, denn mehr und mehr erscheint Frankreich auf seinem eigenen Boden als ein Trabant Englands.

---

11. Heft

Zur Charakterisierung der Engländer

Von

Arnold Schröer
ord. Professor an der Handels-Hochschule in Köln

Preis 1 Mark 40 Pfennige

Einer der besten Kenner Englands, der Anglist Professor Schröer in Köln, hat seit Kriegsbeginn eine Reihe von Aufsätzen geschrieben, die in gedanklichem Zusammenhang eine feine Charakterisierung der Engländer geben. Er gewinnt den vielen Fragen, die uns nach dem Eingreifen Englands bewegt haben, durch Vertiefung der Betrachtung neue Seiten ab, die uns einen Einblick in die Seele des Engländers gewähren; mag es sich nun um Militarismus, Wissenschaft und Disziplin, Egoismus, Religiosität oder völkische Fragen handeln. Es ist sicher, daß Schröers Aufsätze, von einer meisterhaften Kennerschaft getragen, in der ersten Reihe der Veröffentlichungen über die Englandfrage stehen.

A. Marcus & E. Webers Verlag (Dr. jur. Albert Ahn) in Bonn

Deutsche Kriegsschriften

3. Heft

Von der Neutralität Belgiens

Von

Dr. phil. et jur. Aloys Schulte

Professor der Geschichte an der Universität Bonn
Geheimer Regierungsrat

Preis 2 Mark 40 Pfennige.

Inhaltsverzeichnis.

I. Geographische und geschichtliche Voraussetzungen der Neutralität. II. Wie ist die Neutralität entstanden? III. Wie wurde die Neutralität gesichert? IV. Wer versuchte die belgische Neutralität zu vernichten? V. Veränderungen des Zweckes des belgischen Festungssystemes. VI. Veränderung der belgischen Rechtsanschauungen über ihre Neutralität. Anhang: Die Rede des belgischen Ministers de Favereau vom 8. Dezember 1909.

Diese Schrift des bekannten Historikers der Bonner Universität gehört zu dem Wichtigsten, was bisher über Belgiens Neutralität geschrieben worden ist. Der Verfasser erbringt durch Anziehung und eingehende Behandlung **bisher noch nirgends veröffentlichter belgischer und französischer Quellen** den untrüglichen Beweis, daß Belgiens Neutralität schon seit langer Zeit von Belgien selbst im Verein mit Frankreich und England gebrochen worden ist.

A. Marcus & E. Webers Verlag (Dr. jur. Albert Ahn) in Bonn

Druck: Otto Wigand'sche Buchdruckerei G. m. b. H., Leipzig

Kolibri 360 GmbH
Ferdinand-Jühlke-Straße 7
99095 Erfurt, Deutschland
produktsicherheit@kolibri360.de